Ammar Ihsan Nasution

English - Arabic Thematic Dictionary

Ammar Ihsan Nasution

English - Arabic Thematic Dictionary

Noor Publishing

Imprint

Any brand names and product names mentioned in this book are subject to trademark, brand or patent protection and are trademarks or registered trademarks of their respective holders. The use of brand names, product names, common names, trade names, product descriptions etc. even without a particular marking in this work is in no way to be construed to mean that such names may be regarded as unrestricted in respect of trademark and brand protection legislation and could thus be used by anyone.

Cover image: www.ingimage.com

Publisher:
Noor Publishing
is a trademark of
International Book Market Service Ltd., member of OmniScriptum Publishing Group
17 Meldrum Street, Beau Bassin 71504, Mauritius
Printed at: see last page
ISBN: 978-620-2-79330-8

English - Arabic
Thematic Dictionary

Helping You to Memorize English and Arabic Thematically, Effectively, and Efficiently.

Ammar Ihsan Nasution

INTRODUCTION

The author understands well how difficult is to memorize Arabic and English vocabularies. Sometimes, we know how to structure the sentence, at the same time we forget about the vocabulary. We stuck on thinking and remembering what is the world that we want to mention. Many English and Arabic book that focus on how to learn Arabic or English available online and in offline bookstore. But only few of them that designed well for memorizing the vocabulary very well. Hopefully, this book can be one of the solutions to help you to memorize the vocabulary thematically, effectively, and efficiently.

What is Thematic?

Thematic can be defined as relating to or constituting a theme. It also can refer as relating to the stem of a word [1]. This dictionary arranged thematically with the selected theme that we are familiar with and used in our daily activity.

Why English and Arabic?

English and Arabic speakers are one of the most spoken language in the world. English is the third most spoken language with more than 379 million native English speakers (below Chinese and Spanish). And Arabic is the fifth most spoken language with more than 315 million native Arabic speakers [2]. Not only that, but

English also well known as international language[3] and Arabic is popular in Islamic country and community and become the language of Al-Quran[4]. This fact shows how important and good is learning and understanding English and Arabic well.

How to use this dictionary

To begin with, select any theme that you want to read or memorize in the table of contents, and go to the mentioned page. You will find the list of vocabularies that related each other under one theme. You will find it easy by memorizing the vocabularies from the same theme.

There are more than 40 themes in this book, that consist of noun and verb. And more than thousands of vocabularies that arranged thematically and alphabetically.

Finally, the author opens for any suggestion and translation of this dictionary to other language. The author also opens for any correction regarding the content of this dictionary.

CONTENTS

ANIMALS

Animal : المَاشِيَةُ

Ant : النَّمْلُ

Bat : الخُفَّاشُ

Bear : الدُّبُّ

Beast : الحَيَوَانُ المُفْتَرِسُ

Buffalo : الجَامُوْسُ

Butterfly : الفَرَاشُ

Camel : الجَمَلُ

Cat : القِطُّ

Caterpillar : الدُّوْدُ

Cow : البَقَرُ

Crickets : الجُدْجُدُ

Crocodile : التِّمْسَاحُ

Deer : الظَّبْيُ/الغَزَالُ

Dog : الكَلْبُ

Elephants : الفِيْلُ

Ferret : اِبْنُ آوَى

Fireflies : اليَرَاعَةُ/الحُبَاحِبُ

Flies : الذُّبَابُ

Foals : المُهْرُ

Giraffe : الزَّرَافَةُ

Goat : الغَنَمُ

Hedgehogs : القُنْفُذُ

Horse : الفَرَسُ/الحِصَانُ

Hydra : التَّنِّيْنُ

Insect : الحَشَرَاتُ

Kangaroo : الكَنْجُرُوْ

Lamb : الجَدْيُ

Leopards : النَّمِرُ

Lion : الأَسَدُ

Lizard : الضَّبُّ

Lizard : الوَرَلُ/العَظَأَةُ

Lizard : الوَزَغُ

Mice : الفَأْرُ

Monkey : القِرْدُ

Mosquito : البَعُوْضَةُ

Mouse deer : الثَّعْلَبُ

Orangutan : إِنْسَانُ الغَابِ

Panther : الفَهْدُ

Pig : الخِنْزِيْرُ

Rabbit : الأَرْنَبُ

Rhinos : وَحِيْدُ القَرْنِ

Scorpion : العَقْرَبُ

Snails : الحَلَزُوْنُ

Snake : الحَيَّةُ/الثُّعْبَانُ/الحَنَشُ

Tame animal : الحَيَوَانُ الأَلِيْفُ/الدَّاجِنُ

Turtle : السُّلَحْفَاةُ

Wild animal : الحَيَوَانُ المُتَوَحِّشُ

Wolves : الذِّئْبُ

Zebra : حِمَارُ الزَّرَادِي

BATHROOM

Bathroom & WC : دَوْرُ الْمِيَاهِ

Bathroom : الحَمَّامُ

Bottomhole : قَعْرُ البِئْر

Brush : الفُرْشَةُ

Bucket : الدَّلْوُ

Faucets : الحَنَفِيَّةُ

Pipe : الأُنْبُوْبَةُ

Pool : البِرْكَةُ

Scoop : المِغْرَفَةُ

Shower : المِيْزَابُ

Soap : الصَّابُوْنُ

Soap cover : وِعَاءُ الصَّابُوْنِ

Source water : المَنْبَعُ

Tooth brush : فِرْجَوْنُ الأَسْنَانِ

Toothpaste : مَعْجُوْنُ الأَسْنَانِ

Water Pum : الطُّلُمْبَةُ

WC : المِرْحَاضُ

Wells : البِئْرُ

BEDROOM

Bed : السَّرِيْرُ

Bedroom : حُجْرَةُ النَّوْمِ

Blankets : اللَّحَافُ

Cotton : القُطْنُ

Mattress : الفِرَاشُ

Pillow : الوِسَادَةُ

Pillowcase : غِطَاءُ الوِسَادَةِ

Prayer mat : السَّجَّادَةُ

Sheets : مِلْأَةِ السَّرِيْرِ

Tapestry : البِسَاطُ

BIRDS

Bird : الطَّيْرُ

Birds : الطُّيُوْر

Chicken : الدَّجَاجُ

Dove : الحَمَامَةُ

Duck : البَطُّ

Eagle : الحَدَأَةُ

Eagle : العُقَابُ

Garuda : النَّسْرُ

Geese : وَزُّ

Grouse : الشَّرْشِيْرُ

Heron : البَلْشُوْنُ

Owl : البُوْمَةُ

Parrot : البَبْغَاءُ

CLOTHES

Belt : الحِزَامُ

Blanket : الدَّثَارُ / اللَّحَافُ / البَطَّانِيَّةُ

Boots : الجَزْمَةُ

Button : الزِّرُّ

Cain : القُمَاشُ

Cloak : الجُبَّةُ

Clothes : المَلَابِسُ

Coat/raincoat : المِعْطَفُ

Collar : اليَاقَةُ

Cotton cloth : القُطْنُ

Cotton fabric : الكَتَّانُ

Custom : المِسْدَرَةُ

Embroidery : التَّطْرِيزُ

Fez : القَلَنْصُوَةُ

Glove : القُفَّازُ

Holsters : الإزَارُ

Jacket : الجَاكِتَةُ

Mantel : العِبَاءَةُ

Panties : السِّرْوَالُ الدَّاخِلِي

Pocket : الجَيْبُ

Sandal : النَّعْلُ

Scarves : الرِّدَاءُ

Shirt : القَمِيْسُ

Shirt : القَمِيْصُ

Shoe : الحِذَاءُ

Shorts : السِّرْوَالُ

Singlet : الشِّعَارُ

Skirt : الفُسْتَانُ

Sleeve : الكُمُّ

Sniffer : المَنْدِيْلُ

Sock : الجَوْرَبُ

Sutera : الحَرِيْرُ

The veil : البُرْقَعُ / النِّقَابُ

Tie : رِبَاطُ الرَّقَبَةِ

Trousers : البَنْطَالُوْنَ

Turbans : العِمَامَةُ

Wool : الصُّوْفُ

Woven : النَّسِيْجُ

Yarn : الخَيْطُ

COLOUR

Grey : الرَّمَادِىُّ

Blue sky : الأَزْرَقُ السَّمَاوِى

Indigo Blue : الأَزْرَقُ النِّيْلُ

Dark Blue : الأَزْرَقُ المُسَوَّدُ

Blue : الأَزْرَقُ

Brown : الأَسْمَرُ

Green : الأَخْضَرُ

Black : الأَسْوَدُ

Yellow : الأَصْفَرُ

Red : الأَحْمَرُ

Orange : البُرْطُقَالِىُّ

White : الأَبْيَضُ

Purple : البَنَفْسَجِىُّ

Color : اللَّوْنُ

DIRECTION

Above : فَوْقَ

Behind : وَرَاءَ

Besides : جَانِبَ

Directions : الجِهَاتُ

East : شَرْقٌ

In front of : أَمَامَ

Left : شِمَالٌ

North : شَمَالٌ

Northeast : شَمَالٌ شَرْقِيٌّ

Northwest : شَمَالٌ غَرْبِيٌّ

On : عَلَى

Right : يَمِيْنٌ

South : جَنُوْبٌ

Southeast : جَنُوْبٌ شَرْقِيٌّ

Southwest : جَنُوْبٌ غَرْبِيٌّ

Under : تَحْتَ

West : غَرْبٌ

DISEASE

Acne : البَثْرَةُ

Boils : الدُّمَّلُ

Cold : الزُّكَّام

Cough : السُّعَالُ

Diabetes : مَرَضُ السُّكَّرِ

Disease : الْمَرَضُ /الأَلَمُ/ الدَّاءُ

Dizziness : الصُّدَاعُ

Eye pain : الرَّمَدُ

Gout : دَاءُ المُفَاصِلِ

Headache : وَجْعُ الرَّأْسِ

Heart disease : مَرَضُ القَلْبِ

Heartburn : المَغْصُ

Heat illness : الحُمَّى

High blood pressure : ضَغْطُ الدَّمِّ

Less blood : فَقْرُ الدَّمِّ

Malaria : المَلَارِيَا

Mumps : الجَدَرَةُ

Scabies : الجَرَبُ

Shortness of breath : ضَيْقُ النَّفْسِ

Smallpox : الجَدَرِي

Stiff : الأَلَمُ فِي العَظْمِ

Swell : الوَرَمُ/الإِنْتِفَاحُ

Toothache : وَجْعُ السِّنَّ

Vomiting : القَيْئُ

DRINK

Arrack : الخَمْرُ

Coffee : القَهْوَةُ

Coffee milk : القَهْوَةُ المُلَبَّنَةُ / الْقَهْوَةُ بِالْحَلِيْبِ

Iced tea : الشَّايُ المُثَلَّجُ

Milk : اللَّبَنُ /الْحَلِيْبُ

Milk tea : الشَّايُ المُلَبَّنُ /الشَّايُ بِالْحَلِيْبِ

Orange juice : مَاءُ اللَّيْمُوْنِ

Soda water : مَأءُ الصُّوْدَا /المَاءُ الغَازِيُّ

Tea : الشَّايُ

EQUIPMENTS

Air gauges : مِيْزَانُ الجَّوِّ

Atomic bomb : القُنْبُلَةُ الذَّرِيَّةُ

Binoculars : النَّظَّارَةُ

Bomb : القُنْبُلَةُ

Calculator : آلَةُ الحِسَابَةِ

Camera : آلَةُ التَّصْوِيْرِ

Crowbar : المِحْفَرُ

Dagger : الخَنْجَرُ

Drill : المِثْقَبُ

Electric iron : المِكْوَاةُ الكَهْرُبَائِيَّةُ

Firearms : الأَسْلِحَةُ النَّارِيَةُ

Fishhook : الشِّصُّ

Hoe : المِعْزَقَةُ

Hummer : المِطْرَقَةُ

Iron scissors : مِقْرَاضُ الحَدْيدِ

Jack : رَافِعَةُ الأَثْقَالِ

Looms : المَنْسَجُ

Microscope : المُجْهِرُ

Mowers : المِحَشُّ

Nail : المِسْمَارُ

Penknife: المِطْوَاةُ

Pistol : المُسَدَّسُ

Plier : الزَّرَّادِيَّةُ

Plier : الكَمَّاشَةُ

Plow : المِحْرَاثُ

Printing tool : المَطْبَعَةُ

Riffle : البَارُوْدَةُ

Saws : المِنْشَارُ

Scissors : المِقَصُّ/المِقْرَاضُ

Screw nails : المِسْمَارُ اللَّوْلَبِيُّ

Screwdriver : مِفَكُّ البَرَاغِيِّ

Sharp weapons : الآلَةُ الحَادَّةُ

Sickle : المِنْجَلُ

Spear : الرُّمْحُ

Syringe : آلَةُ الحُقْنَةِ

Tools : الآلَةُ

Typewriter machine : آلَةُ الكِتَابَةِ

Wind gauges : مِقْيَاسُ الرِّيْحِ

Wrench : المِفْتَاحُ الإِنْجِلِيْزِيُّ

FAMILY

Adopted children : الوَلَدُ المُتَبَنِّي

Aunty (from father) : الْعَمَّةُ

Aunty (from mother) : الْخَالَةُ

Baby : الطِّفْلُ /الصَّبِيُّ

Big brother : الأَخُ الكَبِيْرُ

Big sister : الأُخْتُ الكَبِيْرَةُ

Brother in religion : الأَخُ فِي الدِّيْنِ

Child : الغُلاَمُ

Children (female) : البِنْتُ

Children (male) : الإِبْنُ

Cousin (female) : بِنْتُ الأُمِّ

Cousin (male) : إِبْنُ الأُمِّ

Family : العَائِلَةُ

Father : الأَبُ

Firstborn Child : الوَلَدُ الأَكْبَرُ

Grandchild : الذُّرِّيَّةُ\النَّسْلُ

Grandfather : الجَدُّ

Grandmother : الجَدَّةُ

Head of Family : رَئِيسُ العَائِلَةِ

Husband/wife : الزَّوْجُ وَ الزَّوْجَةُ

Mother : الأُمُّ

Orphans : اليَتِيْمُ

Parent (female) : الشَّيْخَةُ / الْعَجُوزَةُ

Parent (male) : الشَّيْخُ /الْعَجُوْزُ

Sibling (female) : الأُخْتُ الشَّقِيْقَةُ

Sibling (male) : الأَخُ الشَّقِيْقُ

Single : العَزَبُ

Stepfather : زَوْجُ الأُمِّ

Stepmother : زَوْجُ الأَبِ

Twins : التَّوْأَمُ

Uncle (from father) : الْعَمُّ

Uncle (from mother) : الخَالُ

Virgin : الْبِكْرُ

Virgin : العَذْرَاءُ

Young brother : الأَخُ الصَّغِيْرُ

Youngest children : الوَلَدُ الأَصْغَرُ

Youth (female) : الفَتَاةُ

Youth (male) : الفَتَى

FOOD

Anchovies : السَّمَكُ الْمُمَلَّحُ

Bargain : العَافِصُ

Biscuit : بِسْكُوِيْتْ

Bitter : الْمُرُّ

Boiled egg : البَيْضُ المَسْلُوْقُ

Breakfast : الفُطُوْرُ

Butter : الزُّبْدَةُ

Cake : الكَعْكُ

Carrot : الجِزْرُ

Cheese : الجُبْنُ

Chili : الفِلْفِلُ الأَحْمَرُسُ

Coffee powder : دَقِيْقُ البُنَّ

Condiment : السَمْبَلُ

Corn : الذُّرَّةُ

Cucumbers : الخِيَارُ

Cuisine : الطَّبَاخَةُ

Dinner : العَشَاءُ

Dough : العَجِيْنُ

Duck egg : بَيْضُ البَطّ

Egg : البَيْضُ

Eggplant : البَاذِنْجَانُ

Fish : السَّمَكُ

Fish paste : عَجِيْنُ السَّمَكِ

Flour : الدَّقِيْقُ

Food : الطَّعَامُ

Fried egg : البَيْضُ المَقْلِيُّ

Jerky : القَدِيْدُ

Lunch : الغَذَاءُ

Meat : اللَّحْمُ

Nuts : الفُوْلُ

Pea : الدُّجُوْرُ الأَخْضَرُ

Pepper : القِرْفَةُ / فِلْفِلٌ حَارٌّ

Porridge : الحِسَاءُ

Rice : الرُّزُّ

Rice : الرُّزُّ

Rice : الرُّزُّ

Sahur : السَّحُوْرُ

Salad : السَّلاَطَةُ

Salted egg : البَيْضُ المُمَلَّحُ

Salty : المَالِحُ

Sardine : السَّرْدِيْنُ

Satay : اللَّحْمُ المَشْوِيُّ

Sauce : المَرَقُ

Sawi : الخَرْدَلُ

Scorched : الشَّائِطُ

Selay : المُرَبَّى

Side dish : الإِدَامُ

Soybean : فُوْلُ الصُّوْيَا

Spices : التَّوَابِلُ

Spicy : الْحَارُّ/ الحِرِّيْفُ

Sweet : الحُلْوُ\الحَالِي

Taste : الذَّوْقُ \ الطَّعْمُ

Tasteless : المَلِيْحُ

Tomato : الطَّمَاطِمُ

Vegetables : الخُضْرَاتُ

Waluh : القَرْعُ

Wheat : البُرُّ

Wry : الحَامِضُ

FRUITS

Apple : التُّفَّاحُ

Banana : المَوْزُ

Bark : سَالَقْ

Beans : الفَاصُوْلِيَا

Cabbage : الكُرُنْبُ

Cane : قَصَبُ السُّكَّرِ

Cantaloupe : الحَبْحَبُ

Cassava : الطَّبِيُوْكُ/ البِسْطَاسُ

Celery leaves : الخَسّ

Chili : الفِلْفِلُ

Cloves : القُرُنْفُلُ

Coconut : النَّارَجِيْلُ

Coriander : الكُزْبَرَةُ

Dates : التَّمْرُ

Duku : دُوْكُوْ

Fruits : الفَوَاكِهُ

Garlic : الثَّوْمُ

Ginger : الزَّنْجَبِيْلُ

Guava : الجَوَّافَةُ

Lime : اللَّيْمُوْنُ

Manggis : المَنْجِسُ

Mango : العَنْبَةُ \ اَلمنْجَا

Onion : البَصَلُ

Orange : البُرْطُقَالُ

Papaya : بَابَايَآ

Pears : الكُمِثْرَى

Pineapple : الأَنَانَسُ

Pomegranate : الرُّمَّانُ

Potato : البَطَاطِسُ

Radish : الفِجْلُ

Raisins : الزَّبِيْبُ

Rambutan : رَمْبُوْتَنْ

Tin : التِّيْنُ

Turmeric : الكُرْكُمُ

Watermelon : البِطِّيْخُ

Zaitun : الزَّيْتُوْنُ

HOME FURNITURES

Door : البَابُ

———◆———

Drawer : الدُّرْجُ

Aisle : الصَّالَةُ

Electric fan : المِرْوَحَةُ الكَهْرُبَائِيَّةُ

Alarm Clock : السَّاعَةُ المُنَبِّهَةُ

Electric lamp/light : المِصْبَاحُ الكَهْرُبَائِيُّ

Arena : السَّاحَةُ

Fan : المِرْوَحَةُ

Bell : السَّاعَةُ الدَّقَاقَةُ

Feather duster : المِنَشَّةُ

Broom : المِكْنَسَةُ

Fences : السُّوْرُ

Chair : الكُرْسِيُّ

Floor : البِلَاطُ

Chandelier : الفَانُوْسُ

Glass : الزُّجَاجُ

Clothesline : المِنْشَرُ /المُجَفَّفُ

Corridor : الشُّرْفَةُ

Guest room : غُرْفَةُ الِاسْتِقْبَالِ /غُرْفَةُ الْجُلُوْسِ

Cupboard : الخِزَانَةُ

Hanger : المِشْجَافُ

Cupboard handle : مِقْبَضُ الخِزَانَةِ

Hinge : المِفْصَلَةُ

Decoration Lights : زُخَارِفُ الإِضَاءَةِ

House : المَنْزِلُ /البَيْتُ

Household furniture :
أَثَاثُ البَيْتِ

Key : المِفْتَاحُ

Level : الطَّبَقَةُ /الدَّوْرُ

Light : السِّرَاجُ

Mirror : المِرْآةُ

Oil lamp : المِصْبَاحُ الزَّيْتِيُّ

Padlock : القُفْلُ

Picture : الصُّوْرَةُ

Pole : العِمَادُ

Radio : المِذْيَاعُ

Roof : السَّقْفُ

Roof Tile : القِرْمِيدُ

Room : البَهْوُ

Room : الحُجْرَةُ /الغُرْفَةُ

Rubbish bin : المَزْبَلَةُ

Salon : مُكَبِّرُ الصَّوْتِ

Shelves : الرَّفُّ

Small Street : الزُّقَاقُ

Stairs : السُلَّمُ

Study room :
حُجْرَةُ المُطَالَعَةِ /غُرْفَةُ التَّعَلُّمِ

Table : المِنْضَدَةُ

Table linens : غِطَاءُ المِنْضَدَةِ /
المِفْرَاشُ

Telephone : الهَاتِفُ

Tip recorder : المُسَجِّلُ

TV : التِّلْفَازُ

Vas : الزُّهْرِيَّةُ

Wall : الجِدَارُ /الْحَائِطُ

Wall clock : السَّاعَةُ الْحَائِطِيَّةُ

Wheel : الدُّولَابُ

الفَتِيْلَةُ : Wick

النَّافِذَةُ : Window

HOSPITAL

الوِقَايَةُ : Babysitting

غُرْفَةُ الفَحْصِ : Checking Room

القُطْنُ الطِّبِّي : Cotton

شُبَّاكُ التَّذَاكِرِ : Counter

طَبِيْبُ الأَسْنَانِ : Dentist

الطَّبِيْبُ العَامُ : General doctor

المُسْتَشْفَى : Hospital

طَبِيْبُ الأَمْرَاضِ الدَّاخِلِيَّةِ : Internist

القَابِلَةُ /الْمُوَلَّدَةُ : Midwife

المُمَرِّضُ/المُمَرِّضَةُ : Nurse

عِلْمُ التَّوْلِيْدِ : Obstetrics

العَمَلِيَّةُ الجِرَاحِيَّةُ : Operation

Ophthalmologist : طَبِيْبُ العُيُوْنِ

Pharmacist : الصَّيْدَلِى

Pharmacy : الصَّيْدَلِيَّةُ

Physician examination : الفَحْصُ الطِّبِّي

Prescription : الوَصْفَةُ الطِّبِّيَّةُ

Psychiatric hospital : مُسْتَشْفَى الأَمْرَاضِ العَقْلِيَّةِ

Specialist doctor : الطَّبِيْبُ المُخْتَصُّ

Surgeon : الطَّبِيْبُ الجِرَاحُ

Take care : التَّمْرِيْضُ

Treatment : العِلَاجُ

Waiting room : صَالَةُ الِانْتِظَارِ

Wrapping : العِصَابَةُ/الضِّمَادُ

JEWELRY

Anklet : الخَلْخَالُ

Bracelet : السِّوَارُ

Diamond : الأَلْمَاسُ

Diamond : البَرْلَنْتِى

Earrings : القُرْطُ

Edged ring : الخَاتَمُ

Gemstone : الجَوْهَرُ

Jamrud : الزُّمُرُّدُ /الزَّبَرْجَدُ

Jewelry : الحُلِي

Jewelry : الحِلْيَةُ

Necklace : القِلَادَةُ

Pearl : اللُّؤْلُؤُ

Platina : الذَّهَبُ الأَبْيَضُ

Silver : الفِضَّةُ

KITCHEN

Axe : القَدُّوْمُ

Bedspreads : السُّفْرَةُ

Big cup : البِرْمِيْلُ

Bottle : القَارُوْرَةُ

Bucket : الجَمْرَةُ

Charcoal : الْفَحْمُ

Coffee Shop : المَقْهَي

Cup : الفِنْجَانُ

Cup : الكُوْبُ

Dining room : غُرْفَةُ الطَّعَامِ

Dining table : المَائِدَةُ

Dish rack : رَفُّ الصُّحُوْنِ

Fire : النَّارُ

Fire wood : الْحَطَبُ

Fork : الشَّوْكَةُ

Fridge : البَرَّادَةُ /الثَّلّاَجَةُ

Gas : الغَازُ

Grill : المِشْوَاةُ

Knife : السِّكِّيْنُ

Larder : خِزَانَةُ الطَّعَامِ

Large Bowl : الجَفْنَةُ

Lighters : الكِبْرِيْتُ

Matchstick : عُوْدُ الكِبْرِيْتِ

Mochi : السُّكَّرِيَّةُ

Plate : الصَّحْنُ

Restaurant : المَطْعَمُ

Rice plate : القَصْعَةُ

Rice Spoon : مِلْعَقَةُ الرُّزِّ

Sauce spoon : مِغْرَفَةُ المَرَقِ

Sieves : المُنْخَلُ

المِقْلَاةُ : Skillet

الدُّخَانُ : Smoke

المِلْعَقَةُ : Spoon

الكَانُوْنُ/البَابُوْرُ : Stove

مِلْعَقَةُ الشَّايِ : Tea spoon

التِّرْمُسُ : Thermos

MARKET

العُرْبُوْنُ : Advance

المَزَادُ العَلَنِيُّ : Auction

السُّوْقُ السَّوْدَاءُ : Black market

المَارِكَةُ : Brand

المَقْهَى : Coffe shop

البَضَائِعُ المُهَرَّبَةُ : Contraband

السُّوْقُ : Market

النُّقُوْدُ : Money

الْمَبْلَغُ الرَّئِيْسِيُّ : Money capital

سُوْقُ اللَّيْلِ : Night market

الدَّفْعُ : Payment

الشَّرِكَةُ المَحْدُوْدَةُ : PT

تَخْفِيْضُ الثَّمَنِ : Rebate / discount

Rental : الكِرَاءُ /ألإِيْجَارُ

Restaurant : المَطْعَمُ

Retailer : التَّاجِرُ القُطَاعِيُّ

Scale : المِيْزَانُ

Share : السَّهْمُ

Shop : الحَانُوْتُ

Shop : المَتْجَرُ/الدُّكَّانُ

Subscription : الزَّبُوْنُ/العَمِيلُ

Trade : التِّجَارَةُ

Wholesalers : التَّاجِرُ بِالجُمْلَةِ

MINING

Aluminum : آلُومِيْنِيُوْمْ

Asphalt : القَطِرَانُ

Brass : الصُّفْرُ

Copper : المَعْدِنُ

Copper : النُّحَاسُ

Gasoline : البِنْزِيْنُ /البِتْرُوْلُ

Iron : الحَدِيْدُ

Magnet : المَغْنِيْطِسُ

Marble : الرُّخَامُ

Mercury : الزِّئْبَقُ

Mining goods : المَعَادِنُ

Oil : النَّفْطُ /الزَّيْتُ

Steel : الصُّلْبُ

White metal : الحَدِيْدُ الأَبْيَضُ

NUMBER (IRREGULAR)

Irregular Number : الأَعْدَادُ

لِلْمُذَكَّرِ - لِلْمُؤَنَّثِ

One : وَاحِدٌ وَاحِدَةٌ

Two : اِثْنَانِ اِثْنَتَانِ

Three : ثَلاَثٌ ثَلاَثَةٌ

Four : أَرْبَعٌ أَرْبَعَةٌ

Five : خَمْسٌ خَمْسَةٌ

Six : سِتٌّ سِتَّةٌ

Seven : سَبْعٌ سَبْعَةٌ

Eight : ثَمَانٌ ثَمَانِيَةٌ

Nine : تِسْعٌ تِسْعَةٌ

Ten : عَشَرٌ عَشَرَةٌ

Eleven : إِحْدَى عَشْرَةَ أَحَدَ عَشَرَ

Twelve : اِثْنَتَا عَشْرَةَ اِثْنَا عَشَرَ

Thirteen :
ثَلاَثَ عَشْرَةَ ثَلاَثَةَ عَشَرَ

Fourteen :
أَرْبَعَ عَشْرَةَ أَرْبَعَةَ عَشَرَ

Twenty : عِشْرُوْنَ عِشْرُوْنَ

Twenty one :
وَاحِدَةٌ وَ عِشْرُوْنَ وَاحِدٌ وَ عِشْرُوْنَ

Twenty two :
اِثْنَتَانِ وَ عِشْرُوْنَ اِثْنَانِ وَ عِشْرُوْنَ

Twenty three : ثَلاَثٌ وَ عِشْرُوْنَ
ثَلاَثَةٌ وَ عِشْرُوْنَ

Thirty : ثَلاَثُوْنَ

Forty : أَرْبَعُوْنَ

Fifty : خَمْسُوْنَ

Sixty : سِتُّوْنَ

Seventy : سَبْعُوْنَ

Eighty : ثَمَانُوْنَ

Ninety : تِسْعُوْنَ

One hundred : مِائَةٌ

Two hundred : مِائَتَانِ

Three hundred : ثَلاَثُمِائَةٍ

One thousand : أَلْفٌ

Two thousand : أَلْفَانِ

Three thousand : ثَلاَثَةُ آلاَفٍ

Eleven thousand :
أَحَدَ عَشَرَ أَلْفاً

Twelve thousand : إِثْنَا عَشَرَ أَلْفاً

One million : مِلْيُوْنَ

NUMBER (REGULAR)

Regular Number :
الأَعْدَادُ التَّرْتِيْبِيَّةُ
المُؤَنَّثُ - المُذَكَّرُ

First : الأُوْلَى الأَوَّلُ

Second : الثَّانِيَةُ الثَّانِى

Third : الثَّالِثَةُ الثَّالِثُ

Fourth : الرَّابِعَةُ الرَّابِعُ

Fifth : الخَامِسَةُ الخَامِسُ

Sixth : السَّادِسَةُ السَّادِسُ

Seventh : السَّابِعَةُ السَّابِعُ

Eighth : الثَّامِنَةُ الثَّامِنُ

Nineth : التَّاسِعَةُ التَّاسِعُ

Tenth : العَاشِرَةُ العَاشِرُ

PARTS OF BODY

Ankle : الكَعْبُ

Aurat : العَوْرَةُ

Butt : الدُّبُرُ

Calf : السَّاكُ

Fart : الضُّرَاطُ /الْفُشَاءُ

Foot : الرِّجْلُ

Groin : الوَرِكُ

Heel : العَقَبُ

Knee : الرُّكْبَةُ

Soles of the feet : بَاطِنُ القَدَمِ

Take a piss : البَوْلُ

Thigh : الفَخِذُ

PARTS OF HAND

Arm : الذِّرَاعُ

Elbow : المِرْفَقُ

Finger : الأُصْبُعُ

Fingertip : البَنَانَةُ

Forearm : السَّاعِدُ

Hand : اليَدُ

Hand grip : جَمْعُ الكَفَّ

Little finger : الخِنْصَرُ

Middle finger : الوُسْطَى

Nail : الظُّفْرُ

Palm : الكَفُّ

Point finger : السَّبَابَةُ

Ring finger : البِنْصِرُ

Shoulder : الكَتِفُ

Thumb finger : الإِبْهَامُ

Underarm : الإِبْطُ

Upper arm : العَضَدُ

Wrist : المِعْصَمُ

PARTS OF HEAD

Beard : اللَّحْيَة

Brain : العَقْلُ

Brain : المُخُّ

Check : الخَدُّ

Chin : الذَّقَنُ

Ear : الأُذُنُ

Earlobe : حِمْلَة الأُذُنِ

Earlobe : شَحْمَة الأُذُنِ

Earwax : طَبْلَة الأُذُنِ

Esophagus : الحُلْقُوْمُ

Eye : العَيْنُ

Eyeball : المُقْلَةُ

Eyebrow : الحَاجِبُ

Eyelashes : الهُدْبُ

Eyelids : الجَفْنُ

Face : الوَجْهُ

Forehead : الجَبْهَةُ

Gums : اللّثَةُ

Head : الرَّأْسُ

Jawbone : الفَكُّ

Lip : الشَّفَةُ

Lower lip : الشَّفَة السُّفْلَي

Molars : الضِّرْسُ

Mouth : الفَمُ

Mucus : المُخَاطُ

Mustache : الشَّارِبُ

Neck : العُنُقُ

Nose : الأَنْفُ

Nostrils : المِنْخَرُ

Saliva : البُصَاقُ

Saliva : اللُّعَابُ

Sideburns : العَارِضُ

Skull : الجُمْجُم

Sputum : النَّخَامَةُ

Tears : الدَمْعُ

Temples : الصُّدْغُ

Tongue : اللّسَانُ

Tooth : السِّنُّ

Upper check : الوَجْنَةُ

Upper lip : الشَّفَة الْعُلْيَا

POST OFFICE	SCHOOL

POST OFFICE

Air Mail : البَرِيْدُ الجَوَّى

Envelope : الظَّرْفُ/الغِلَاَفُ

Express Mail : الرِّسَالَةُ المُسْتَعْجِلَةُ

Form : الاِسْتِمَارَةُ

Glue : الغِرَاءُ

Letter : الرِّسَالَةُ

Mail Box : صُنْدُوْقُ الخِطَابَةِ

Packet : الرُّزْمَةُ /الطَّرْدُ

Post : مَكْتَبُ البَرِيْدِ

Post Box : صُنْدُوْقُ البَرِيْدِ

Regular Letter : الرِّسَالَةُ العَادِيَةُ

Sender : المُرْسِلُ

Stamps : طَابِعُ البَرِيْدِ

SCHOOL

Absent book : كَشْفُ الغِيَابِ

Act : القَانُوْنُ

Administration ofiice : مَكْتَبُ ألْإِدَارَةِ

Bel : الجَرَسُ

Bench : المَقْعَدُ

Boarding : غِطَاءُ المِنْضَدَةِ / الْمِفْرَاشُ

Book : الكِتَابُ

Ceremony : الاِحْتِفَالُ/المَرَاسِمُ

Certificate : الشَّهَادَةُ

Chalk : الطَّبْسُوْرَةُ

Chalkboard : البَابُ

Class : الفَصْلُ /الصَّفُّ

Class tools : أَدَوَاتُ الفَصْلِ

Correction : التَّصْحِيْحُ

Corrector : المُصَحِّحُ

Cover : العِمَادُ

Curriculum : المَنْهَجُ الدِّرَاسِي

Dean of the faculty : عَمِيْدُ الْكُلِّيَةِ

Digest : المَغْزَي

Drawer : الدُّرْجُ

Elementary school : الطَّبَقَةُ / الدَّوْرُ

Eraser : المَنْزِلُ /البَيْتُ

Examination : الِامْتِحَانُ م الِاخْتِبَارُ

Extra lesson : الزُّهْرِيَّةُ

Faculty : الكُلِّيَّةُ

Fast course : الدُّرُوْسُ العَاجِلَةُ

Final examination : الِامْتِحَانُ النِّهَائِيُّ/الِامْتِحَانُ الأَخِيْرُ

High school : الْمَدْرَسَةُ الْعَالِيَةُ

Ink : المِدَادُ /الحِبْرُ

Inkwell : المِحْبَرَةُ

Junior high school : المَدْرَسَةُ الْمُتَوَسِّطَةُ

Lecturer : الْمُحَاضِرُ

Lesson : المِذْيَاعُ

Lesson Hour : الحِصَّةُ

Line : السَّطْرُ

Map : المَلَفُّ

Mark : النَّتِيْجَةُ

Mark List : دَفْتَرُ النَّتَائِجِ

Meeting : الهَاتِفُ

Monthly fee : الرُّسُوْمُ الشَّهْرِيَّةُ

Note : المُذَكِّرَةُ

Notebook : الدَّفْتَرُ

Office : الإِدَارَةُ

Oral exam : الاِمْتِحَانُ الشَّفَهِيُّ

Parents : وَلِيُّ الطَّالِبِ

Pen : الرَّفُّ

Pen : المِكْنَسَةُ

Pencil : مُكَبِّرُ الصَّوْتِ

Pocket money : مَصْرُوْفُ الجَيْبِ

Principle : مُدِيْرُ الْمَدْرَسَةِ

Private school : المَدْرَسَةُ الأَهْلِيَّةُ

Protocol : السُّلَّمُ

Public school : التِّلْفَازُ

Pupil : التِّلْمِيْذُ

Rector : المِنْشَرُ /المُجَفَّفُ

Registration fee : رَسْمُ الدُّخُوْلِ

Report : الجِدَارُ /الْحَائِطُ

Ruler : البَهْوُ

Schedule : الجَدْوَلُ

Scholarship : المِنْحَةُ الدِّرَاسِيَّةُ

School : المَدْرَسَةُ

Scout : الفَتِيْلَةُ

Secretary : السِّكْرِتِيْرُ

Senior high school : المَدْرَسَةُ الثَّانَوِيَّةُ

Signature : التَّوْقِيْعُ

Song : الغِنَاءُ\النَّشِيْدُ

Stamp : الطَّبْعُ

Student : الطَّالِبُ الجَامِعِيُّ

Student card : البِطَاقَةُ الدِّرَاسِيَّةُ

Student Council : اِتِّحَادُ الطُّلَّابِ

Student ID : رَقْمُ دَفْتَرِالقَيْدِ

Subject : المَادَّةُ

Summary : المَزْبَلَةُ

Teacher : الأُسْتَاذُ

Teacher office : مَكْتَبُ الأَسَاتِذَةِ

Teachers council : مَجْلِسُ ألأَسَاتِذَةِ

Thumbprint : البَصْمَةُ

Triangle : المُسَجِّلُ

University : الجَامِعَةُ

Written exam : الإِمْتِحَانُ التَّحْرِيرِي

SEASON

Autumn : الخَرِيفُ

Dry season : فَصْلُ الْجَفَافِ

Rainy season : فَصْلُ ألأَمْطَارِ

Season : المُوْسِمُ /الطَّقْسُ

Spring : الرَّبِيعُ

Summer : الصَّيْفُ

Winter : الشِّتَاءُ

SHAPES

Box : الْمُخَطَّطُ الْمُرَبَّعُ

Cones : الْمَخْرُوْطِىُّ

Curve line : الْخَطُّ الْمُنْحَرِفُ

Rectangular : الْمُرَبَّعُ

Round : الْمُسْتَدِيْرُ

Rounded Ball : الْكُرَوِىُّ

Shape : الشَّكْلُ

Straight line : الْخَطُّ الْمُسْتَقِيْمُ

Triangle : الْمُثَلَّثُ

SPORT

Badminton : كُرَةُ الرِّيْشَةِ

Ball : الْكُرَةُ

Basket : كُرَةُ السَّلَّةِ

Bike racing : سِبَاقُ الدَّرَّاجَةِ

Boxing : لَاكَمَ-يُلَاكِمُ

Boxing : الْمُلَاكَمَةُ

Camp : نَصْبُ الْخَيْمَةِ

Catch the ball : تَلَقَّفَ-يَتَلَقَّفُ الْكُرَةَ]

Compete : بَارَى-يُبَارِى

Cup : الْكَأْسُ

Exercise : تَرَوَّضَ-يَتَرَوَّضُ

Field : الْمَيْدَانُ

Football : كُرَةُ الْقَدَمِ

Goal keeper : حَارِسُ المَرْمَى

Goal keeper : حَارِسُ المَرْمَى

Goalpost : المَرْمَى

Grapple : صَارَعَ-يُصَارِعُ

Horse riding : رُكُوْبُ الخَيْلِ

Installing tent : نَصْبُ الخَيْمَةِ

Javelin : رَمْيُ الرُّمْحِ

Jump : نَطَّ-يَنُطُّ

Kick : رَفَسَ-يَرْفُسُ/رَمَحَ-يَرْمَحُ

Left wing : الجَنَاحُ الأَيْسَرُ

Martial art : دِفَاعُ النَّفْسِ

Match : المُبَارَاةُ

Ping pong : كُرَةُ الطَّاوُلَةِ /كُرَةُ المَكْتَبِ

Play : لَعِبَ-يَلْعَبُ

Referee : الحَاكِمُ/الفَيْصَلُ

Ride a horse : رُكُوْبُ الخَيْلِ

Right wing : الجَنَاحُ الأَيْمَانُ

Run : جَرَي-يَجْرِي

Self defense : دَافَعَ-يُدَافِعُ [نَفْسَهُ]

Shot put : رَمْيُ الرَّصَاصِ

Sport : الرِّيَاضَةُ

Sports arena : مَلْعَبُ الرِّيَاضَةِ

Striker : المُهَاجِمُ

Strong : قَوِيَ-يَقْوَى

Throw : رَمَي-يَرْمِى

TOUR

Distance : المَسَافَةُ

Excursions : الرِّحْلَةُ التَّنَزُّهِيَّةُ

Fees : الأُجْرَةُ

Gas station : مَحَطَّةُ البِنْزِيْنِ /
مَحَطَّةُ الْبِتْرُوْلِ

Hotel : الفُنْدُوْقُ

Passport : جَوَازُ السَّفَرِ

Picnic : النُّزْهَةُ

Ports : المِيْنَاءُ

Railway stations : مَحَطَّةُ القِطَارِ

Souvenirs : هَدَايَا السَّفَرِ

Stations : المَحَطَّةُ

Terminal : مَوْقِفُ السَّيَّارَةِ

Travelling : السَّفَرُ

VEHICLES

Ambulance : سَيَّارَةُ الإِسْعَافِ

Bicycle : الدَّرَاجَةُ

Boat : السَّفِيْنَةُ

Bus : الحَافِلَةُ/أُوْتُوْبُس

Car : السَّيَّارَةُ

Helicopter : هِيْلِكُوْبْتَار

Motorcycle : الجَوَّالَةُ

Pedicab : البِثْشَاء

Plane : الطَّيَّارَةُ

Race car : سَيَّارَةُ السِّبَاقِ

Sailboats : السَّفِيْنَةُ الشِّرَاعِيَّةُ

Ship : البَاخِرَةُ

Submarine : الغَوَّاصَةُ

Tank : الدَّبَابَةُ

Tank car : سَيَّارَةُ الصَّهْرِيْجِ

Taxi : التَّكْسِى

Train : القِطَارُ

Truck : سَيَّارَةُ النَّقْلِ/الشَّاحِنَةُ

Vehicle : المَرْكُوْبَاتُ

Wagon : العَرَبَةُ

VERB (ANIMAL)

Bark (dog) : نَبَحَ-يَنْبَحُ

Brood (hen) : حَضَنَ-يَحْضُنُ

Coil (snake) : لَوَى-يَلْوِى

Crow : صَاحَ-يَصِيْحُ

Farm : رَبَّى-يُرَبِّى المَوَاشِى

Fly : طَارَ-يَطِيْرُ

Gore : نَطَحَ-يَنْطَحُ

Grab : خَطَفَ-يَخْطِفُ

Hatch : اِفْتَقَسَ-يَفْتَقِسُ

Hunt : صَادَ-يَصُوْدُ

Lay : بَاضَ-يَبِيْضُ

Mew : مَاءَ-يَمُوْءُ

Pounce : اِفْتَرَسَ-يَفْتَرِسُ

Scratch : خَدَشَ-يَخْدِشُ/خَمَشَ-

Shepherd : رَعَى-يَرْعَى

Slithers : دَبَّ-يَدِبُّ

Sting : لَسَعَ-يَلْسَعُ

Tweet : تَغَرَّدَ-يَتَغَرَّدُ

VERB (FOOD)

Boil : سَلَقَ-يَسْلُقُ

Breakfast : أَفْطَرَ-يُفْطِرُ

Burn : شَوَى-يَشْوِى

Cook : طَبَخَ-يَطْبَخُ

Dinner : تَعَشَّى-يَتَعَشَّى

Eat : أَكَلَ-يَأْكُلُ

Fry : قَلَى-يَقْلِي

Full : شَبِعَ-يَشْبَعُ

Heats : سَخَّنَ-يُسَخِّنُ

Hungry : جَاعَ-يَجُوْعُ

Lick : لَحِسَ-يَلْحَسُ

Lunch : تَغَذَّى-يَتَغَذَّى

Taste : ذَاقَ-يَذُوْقُ

VERB (GENERAL)

Abolish : أَبَادَ- يُبِيدُ

Accept bribes : اِرْتَشَى-يَرْتَشَى

Acknowledge : اِعْتَرَفَ-يَعْتَرِفُ بِ

Aloof : تَخَلَّى- يَتَخَلَّى

Already : قَدْ مَضَى وَ فَاتَ

Apostate : اِرْتَدَّ-يَرْتَدُّ

Argue : عَرْبَدَ-يُعَرْبِدُ

Armed : تَزَوَّدَ- يَتَزَوَّدُ

Arrogant : تَكَبَّرَ-يَتَكَبَّرُ

Assume : شَبَّهَ-يُشَبِّهُ/مَثَّلَ-

Bang : ضَرَبَ-ِ البَابَ بِقُوَّةٍ

Based on : تَأَسَّسَ- يَتَأَسَّسُ عَلَى

Bersin : عَطَسَ-يَعْطَسُ

Bet : تَرَاهَنَ-يَتَرَاهَنُ

Breastfeed : أَرْضَعَ-يُرْضِعُ

Breath : تَنَفَّسَ-يَتَنَفَّسُ

Bribe : رَشَا-يَرْشُو

Bring : حَمَلَ-يَحْمِلُ

Build : بَنَى-يَبْنِى

Capture : أَبَّدَ- يُؤَبِّدُ

Chairing أَسَادَ-يُسِيْدُ

Childbirth : وَلَدَ-يَلِدُ

Circumcise : خَتَنَ-يَخْتِنُ

Clap : صَفَّقَ-يُصَفِّقُ

Cleared the throat : -تَنَحْنَحَ
تَنَحْنَحُ◌َي

Close : أَقْفَلَ-يُقْفِلُ

Close eyes : أَغْمَضَ-يُغْمِضُ العَيْنَ

Coloring : لَوَّنَ- يُلَوِّنُ

Compete : نَافَسَ-يُنَافِسُ

Conjure : شَعْوَذَ-يُشَعْوِذُ	Dismiss : أَوْقَفَ- يُوقِفُ
Contain : تَضَمَّنَ-يَتَضَمَّنُ	Disruptive : شَوَّشَ-يُشَوِّشُ
Criticize : اِنْتَقَدَ-يَنْتَقِدُ	Divide : قَسَّمَ-يُقَسِّمُ
Crowd : اِحْتَشَدَ-يَحْتَشِدُ	Doing sin : اِرْتَكَبَ-يَرْتَكِبُ الذَّنْبَ
Cry : بَكَى-يَبْكِى	Double : ضَاعَفَ- يُضَاعِفُ
Deceptive : خَدَعَ-يَخْدَعُ	Drunk : سَكَرَ-يَسْكَرُ
Decorate : زَيَّنَ-يُزَيِّنُ	Dumbfound : دَهِشَ-يَدْهَشُ
Deep : عَمَّقَ-يُعَمِّقُ	Embroider : طَرَّزَ-يُطَرِّزُ
Defamatory : فَتَنَ-يَفْتِنُ	Enforce : أَقَامَ- يُقِيْمُ
Defile : وَسَّخَ-يُوَسِّخُ	Engage : اِرْتَبَطَ-يَرْتَبِطُ بِخُطْبَةٍ
Denounce : ذَمَّ- يَذُمُّ	Enslave : اِسْتَعْبَدَ-يَسْتَعْبِدُ
Deny : أَنْكَرَ-يُنْكِرُ	Ensure : أَكَّدَ- يُأَكِّدُ
Deprive : نَشَلَ-يَنْشُلُ/اِغْتَصَبَ-	Enter : دَخَلَ-يَدْخُلُ
Dialogue : تَحَاوَرَ-يَتَاحَوَرُ	Envy : حَسَدَ-يَحْسُدُ
Dismantle : هَدَمَ-يَهْدِمُ	Equate : شَابَةَ - يُشَابِهُ
Dismantle : هَدَمَ-يَهْدِمُ/خَرَّبَ-	Equip : زَوَّدَ- يُزَوِّدُ

Establish : أَثْبَتَ-يُثْبِتُ

Exceed the limit : تَجَاوَزَ-يَتَجَاوَزُ الحَدَّ

Expel : طَرَدَ- يَطْرُدُ

Extravagant : -أَسْرَفَ-يُسْرِفُ/بَذَّرَ

Fade : فَقَدَ-يَفْقِدُ/تَغَيَّرَ-ـ لَوْنُهُ

Fall : سَقَطَ-يَسْقُطُ

Fan : تَرَوَّحَ-يَتَرَوَّحُ

Few/Little : قَلَّ- يَقِلُّ

Fold : لَفَّفَ-يُلَفِّفُ

Follow : لاَحَقَ- يُلاَحِقُ

Fornicate : زَنَى-يَزْنِى

Fun : سَرَّ- يَسُرُّ

Gamble : لَعِبَ-يَلْعَبُ بِالمَيْسِرِ

Glance : لَمَحَ-يَلْمَحُ

Go around : طَافَ-يَطوفُ

Hand in hand : اِقْتَرَنَ- يَقْتَرِنُ

Hit : ضَرَبَ- يَضْرِبُ بِشِدَّةٍ

Hit : ضَرَبَ-يَضْرِبُ

Hold : أَمْسَكَ-يُمْسِكُ

Hollow : ثَقَبَ- يَثْقُبُ

Hope : رَجَا- يَرْجُو

Hurt : أَذَى-يُؤْذِى

Ignore : أَهْمَلَ- يُهْمِلُ

Impatient : جَزَعَ-يَجْزَعُ

Infidel : كَفَرَ-يَكْفُرُ

Ingenious : ذَكَى-يَذْكِى

Inherit : وَرَثَ-يَرِثُ

Invite : دَعَا-يَدْعُو

Iron : كَوَى-يَكْوِى

Joke : هَزَلَ-يَهْزِلُ

Keep : حَرَسَ-يَحْرُسُ

Keeps : فَصَلَ- يَفْصِلُ

Kneel : جَثَا- يَجْثُوْ

Knock : دَقَّ-يَدُقُّ

Launch : دَحْرَجَ-يُدَحْرِجُ

Lead : قَادَ- يَقُوْدُ

Lean : إِسْتَنَدَ-يَسْتَنِدُ عَلَى

Leave : تَرَكَ- يَتْرُكُ

Life : عَاشَ-يَعِيْشُ

Live : سَكَنَ-يَسْكُنُ

Lying : كَذَّبَ - يُكَذِّبُ

Make shy : فَضَّحَ-يُفَضِّحُ

Many : كَثُرَ- يَكْثُرُ

Mark : وَضَعَ- يَضَعُ عَلاَمَةً

Mary : تَزَوَّجَ-يَتَزَوَّجُ

Mayhem : ظَلَمَ-يَظْلِمُ

Miser : بَخِلَ-يَبْخَلُ

Misguided : ضَلَّ-يَضِلُّ

Mislead : أَضَلَّ-يُضِلُّ

Obstruct : عَاقَ-يَعُوْقُ

Open : خَلَعَ-يَخْلَعُ

Open : فَتَحَ-يَفْتَحُ

Oppos : عَانَدَ-يُعَانِدُ

Ornate : تَبَرَّجَ – يَتَبَرَّجُ

Overcome : تَغَلَّبَ-يَتَغَلَّبُ عَلَى

Own : إِمْتَلَكَ-يَمِتَلِكُ

Paint : طَلَى-يَطْلِى

Pamper : دَلَّ-يَدِلُّ

Paste : أَلْصَقَ- يُلْصِقُ

Patch : رَقَّعَ-يُرَقِّعُ

Pee : بَالَ-يَبُوْلُ

Perform : أَدَّى-يُأَدَّى

Perish : هَلَكَ- يَهْلِكُ

Phlegm : تَنَخَّمَ-يَتَنَخَّم

Pick up : رَفَعَ- يَرْفَعُ

Poo : تَغَوَّطَ-يَتَغَوَّطُ

Pose : تَنَكَّرَ-يَتَنَكَّرُ

Process : سَبَقَ- يَسْبِقُ

Produce : اِخْتَرَعَ- يَخْتَرِعُ

Prove : بَرْهَن ـ يُبَرْهِنُ

Pull : جَرَّ- يَجُرُّ

Pull apart : بَدَّدَ-يُبَدِّدُ

Rape : اِنْتَهَكَ-يَنْتَهِكُ الحُرْمَةَ

Receive : قَبِلَ- يَقْبَلُ

Reject : نَهَرَ-يَنْهَرُ

Renew : جَدَّدَ- يُجَدِّدُ

Require : اِحْتَاجَ - يَحْتَاجُ إِلَى

Revenge : اِنْتَقَمَ-يَنْتَقِمُ

Reverse : عَكَسَ- يَعْكِسُ

Rob : نَهَبَ-يَنْهَبُ

Rotate : دَارَ- يَدُوْرُ

Rub : فَرَكَ-يَفْرُكُ

Save : أَنْقَذَ-يُنْقِذُ

Say : قَالَ-يَقُوْلُ

Seclude : طَلَّقَ-يُطَلِّقُ إِمْرَأَتَهُ

See : نَظَرَ-يَنْظُرُ

Separate : اِنْفَصَلَ- يَنْفَصِلُ

Serve : خَدَمَ- يَخْدُمُ

Shake : اِهْتَزَّ-يَهْتَزُّ

Shake : هَزَّ- يَهُزُّ

Shame : اِسْتَحْيَ-يَسْتَحِي

Shirk : شَرَكَ-يَشْرِكُ

Shout : صَرَخَ-يَصْرَخُ

Show/guide : دَلَّ- يَدُلُّ

Sin : أَذْنَبَ-يُذْنِبُ

Sit : جَلَسَ-يَجْلِسُ

Sleeves roll : شَمَّرَ-يُشَمِّرُ الثَّوْبَ

Slip : زَلِقَ-يَزْلَقُ/اِنْزَلَقَ/زَلَّ

Smell : شَمَّ-يَشُمُّ

Smell : قَبَّلَ-يُقَبِّلُ

Snotty : تَمَخَّطَ-يَتَمَخَّطُ

Speak : تَحَادَثَ-يَتَاحَدَثُ

Speak : تَكَلَّمَ--يَتَكَلَّمُ

Spit : بَصَقَ-يَبْصُقُ

Squat : قَرْفَصَ-يُقَرْفِصُ

Stand : قَامَ-يَقُومُ

Steal : سَرَقَ-يَسْرِقُ

Stop : وَقَفَ- يَقِفُ

Strengthen : أَيَّدَ-يُأَيِّدُ

Suckle : رَضَعَ-يَرْضَعُ

Suppress : اِضْطَحَدَ- يَضْطَحِدُ

Surround : أَحَاطَ-يُحِيْطُ

Sweep : كَنَسَ-يَكْنُسُ

Switch off : أَطْفَأَ-يُطْفِأُ

Talk active : ثَرْثَرَ-يُثَرْثِرُ

Tend : اِتَّصَفَ-يَتَّصِفُ بِ

Threaten : هَدَّدَ- يُهَدِّدُ

Treasonable : خَانَ-يَخُوْنُ

Try : سَعَى- يَسْعَى

Turn on : أَشْعَلَ-يُشْعِلُ

Underestimate : أَهَانَ-يُهِيْنُ

Unify : وَحَّدَ- يُوَحِّدُ

Urgent : أَلَحَّ-يُلِحُّ فِي

Visit : زَارَ-يَزُوْرُ

Voracious : طَمِعَ-يَطْمَعُ

Wait : اِنْتَظَرَ-يَنْتَظِرُ

Warm : سَخَنَ-يَسْخُنُ

Waste time : أَضَاعَ-يُضِيْعُ الوَقْتَ

Wear (clothes) : لَبِسَ-يَلْبَسُ

Whisper : هَمَسَ-يَهْمِسُ

Wipe : مَسَحَ-يَمْسَحُ بِالمَاءِ

Woo : خَطَبَ-يَخْطُبُ

VERB (HEART)

Climb up : صَعِدَ- يَصْعَدُ

Come to one's heart : خَطَرَ- خَطُرُ بِبَالِهِ ي

Contemplate : تَأَمَّلَ-يَتَأَمَّلُ

Cure : شُفِيَ-

Desperate : يَئِسَ-يَيْأَسُ/قَنَطَ

Determine : هَمَّ-يَهُمُّ بِ

Fear : خَافَ-يَخَافُ

Feel : شَعُرَ-يَشْعُرُ

Forget : نَسِيَ-يَنْسَى

Get Angry : غَضِبَ-يَغْضَبُ

Get down : نَزَلَ- يَنْزِلُ

Get Excited : فَرِحَ-يَفْرَحُ

Hate : كَرِهَ-يَكْرَهُ

Imagine : تَخَيَّلَ-يَتَخَيَّلُ

Think : فَكَّرَ-يُفَكِّرُ

Intend : اِعْتَقَدَ-يَعْتَقِدُ

Thought : ظَنَّ-يَظُنُّ

Intend : عَزَمَ-يَعْزِمُ

Understand : فَهِمَ-يَفْهَمُ

Intend : نَوَى-يَنْوِى

Want : أَرَادَ-يُرِيدُ

Know : عَلِمَ-يَعْلَمُ

Wavering : اِنْزَعَجَ-يَنْزَعِجُ

Love : أَحَبَّ-يُحِبُّ

Melt : أَثَارَ-يُثِيْرُ العَوَاطِفَ

Postpone : أَجَّلَ- يُؤَجِّلُ/أَخَّرَ

Promise : وَعَدَ- يَعِدُ

Remember : ذَكَرَ-يَذْكُرُ

Rise : طَلَعَ- يَطْلُعُ

Sad : حَزِنَ-يَحْزَنُ

Sure : تَيَقَّنَ-يَتَيَقَّنُ

Surprise : أَزْعَجَ-يُزْعِجُ

Take time : اِسْتَغْرَقَ- يَسْتَغْرِقُ الوَقْتَ

VERB (IN THE FARM)

Abolish : أَبَادَ- يُبِيدُ

Arm : تَزَوَّدَ- يَتَزَوَّدُ

Arm in arm : اِقْتَرَنَ- يَقْتَرِنُ

Based on : تَأَسَّسَ- يَتَأَسَّسُ عَلَى

Conjure : شَعْوَذَ-يُشَعْوِذُ

Dismiss : أَوْقَفَ- يُوْقِفُ

Equate : شَابَهَ - يُشَابِهُ

Equip : زَوَّدَ- يُزَوِّدُ

Expel : طَرَدَ- يَطْرُدُ

Hollow : ثَقَبَ- يَثْقُبُ

Mark : وَضَعَ- يَضَعُ عَلاَمَةً

Perish : هَلَكَ- يَهْلِكُ

Perpetuate : أَبَّدَ- يُؤَبِّدُ

Precede : سَبَقَ- يَسْبِقُ

Preside : أَسَادَ-يُسِيْدُ

Pull : جَرَّ- يَجُرُّ

Renew : جَدَّدَ- يُجَدِّدُ

Require : اِحْتَاجَ - يَحْتَاجُ إِلَى

Reverse : عَكَسَ- يَعْكِسُ

Seclude : تَخَلَّى- يَتَخَلَّى

Serve : خَدَمَ- يَخْدُمُ

Shake : اِهْتَزَّ-يَهْتَزُّ

Shows : دَلَّ- يَدُلُّ

Stop : وَقَفَ- يَقِفُ

Unite : وَحَّدَ- يُوَحِّدُ

VERB (IN THE HOSPITAL)

Almost healed : تَمَاثَلَ-يَتَمَاثَلُ إِلَى الشِّفَاءِ

Care : مَرَّضَ-يُمَرِّضُ

Check : فَحَصَ-يَفْحَصُ

Cure : شَفَى-يَشْفِى

Embodies : ضَمَّدَ-يُضَمِّدُ

Inject : حَقَنَ-يَحْقِنُ

Massage : دَلَّكَ-يُدَلِّكُ

Operate : أَجْرَى- عَمَلِيَّةً جِرَاحِيَّةً

Sick : مَرِضَ-يَمْرَضُ

Suffer : كَابَدَ-يُكَابِدُ

Transmit : أَعْدَى-يُعْدِى

Treat : تَدَاوَى-يَتَدَاوَى

Treat : عَالَجَ-يُعَالِجُ

VERB (IN THE SCHOOL)

Absent : غَابَ-يَغِيبُ

Active : نَشَطَ-يَنْشَطُ

Answer : أَجَابَ-يُجِيبُ

Ask : سَأَلَ-يَسْأَلُ عَنْ

Break : اِسْتَرَاحَ-يَسْتَرِيحُ

Calculate : حَسَبَ-يَحْسُبُ

Check : فَتَّشَ-يُفَتِّشُ

Cite : نَقَلَ-يَنْقُلُ عَنْ

Conclude : اِسْتَنْتَجَ-يَسْتَنْتِجُ

Discuss : بَحَثَ-يَبْحَثُ في

Discuss : شَاوَرَ-يُشَاوِرُ/ذَاكَرَ-

Draw : رَسَمَ-يَرْسُمُ

Educate : هَذَّبَ-يُهَذِّبُ

Explain : شَرَحَ-يَشْرَحُ

Fabricate : أَنْشَأَ-يُنْشِئُ   Stamp : خَتَمَ-يَخْتِمُ

Ignore : أَهْمَلَ-يُهْمِلُ   Study : دَرَسَ-يَدْرُسُ

Lazy : كَسِلَ-يَكْسَلُ   Stupid : جَهِلَ-يَجْهَلُ

Memorize : حَفِظَ-يَحْفَظُ   Summarize : اِخْتَصَرَ-يَخْتَصِرُ

Noting : اِهْتَمَّ-يَهْتَمُّ بِ   Take seriously : جَدَّ-يَجِدُّ

Persevere : ثَابَرَ-يُثَابِرُ عَلَي   Teach : عَلَّمَ-يُعَلِّمُ/دَرَّسَ-

Post : دَوَّنَ-يُدَوِّنُ/سَجَّلَ-   Test : اِخْتَبَرَ-يَخْتَبِرُ/اِمْتَحَنَ-

Practice : تَمَرَّنَ-يَتَمَرَّنُ/تَدَرَّبَ-   Translate : تَرْجَمَ-يُتَرْجِمُ

Print : طَبَعَ-يَطْبَعُ

Publish : نَشَرَ-يَنْشُرُ

Raise the hand : رَفَعَ-يَرْفَعُ يَدَهُ

Read : قَرَأَ-يَقْرَأُ

Repeat : طَالَعَ-يُطَالِعُ

Scratch : سَطَّرَ-يُسَطِّرُ

Sign : أَمْضَي-يُمْضِى عَلَي

Spell : هَجَّي-يُهَجِّي\تَهَجَّي-

VERB (MEETING)

Agree : وَافَقَ-يُوَافِقُ عَلَى

Chair : رَأَسَ-يَرْأَسُ

Collect : جَمَعَ-يَجْمَعُ

Decide : قَرَّرَ-يُ قَرِّرُ/أَثْبَتَ

Discuss : بَحَثَ-يَبْحَثُ

Gather : اِحْتَفَلَ-يَحْتَفِلُ

Give a lecture : أَلْقَى-يُلْقِى
المُحَاضَرَةَ]

Give a Speech : خَطَبَ-يَخْطُبُ

Hint : أَشَارَ-يُشِيْرُ عَلَى

Leave : رَفَضَ-يَرْفُضُ

Listen : اِسْتَمَعَ-يَسْتَمِعُ

Meeting : أَقَامَ-يُقِيْمُ [الحَفْلَةَ

Meeting : عَقَدَ-يَعْقِدُ الجَلْسَةَ

Nominate : رَشَّحَ-يُرَشِّحُ

Present : حَضَرَ-يَحْضُرُ

Propose : اِقْتَرَحَ-يَقْتَرِحُ

Receive : قَبِلَ-يَقْبَلُ

Represent : وَكَّلَ-يُوَكِّلُ

Side with : اِنْحَازَ-يَنْحَازُ إِلَى

VERB (SLEEP)

Asleep : غَلَبَهُ النَّوْمُ

Cover : إِلْتَحَفَ-يَلْتَحِفُ

Cushioned : تَوَسَّدَ-يَتَوَسَّدُ

Delirious : هَذَى-يَهْذِي

Dream : إِحْتَلَمَ-يَحْتَلِمُ

Lull : نَوَّمَ-يُنَوِّمُ

Lying : إِضْطَجَعَ-يَضْطَجِعُ

Sleep : نَامَ-يَنَامُ/رَقَدَ

Sleepy : نَعَسَ-يَنْعَسُ

Snore : غَطَّ-يَغِطُّ

Wake : إِسْتَيْقَظَ-يَسْتَيْقِظُ

Wake someone up :

أَيْقَظَ-يُوقِظُ

VERB (TRADING)

Assess : أَنْتَجَ-يُنْتِجُ

Bid : سَاوَمَ-يُسَاوِمُ

Buy : إِشْتَرَى-يَشْتَرِى

Finance : مَوَّلَ-يُمَوِّلُ

Grow : نَبَتَ-يَنْبُتُ

Guarantee : ضَمِنَ-يَضْمَنُ

Hire : إِسْتَأْجَرَ-يَسْتَأْجِرُ

Idle : تَعَطَّلَ-يَتَعَطَّلُ

Lender : إِسْتَدَانَ-يَسْتَدِيْنُ

Live as an employee :

عَاشَ-يَعِيْشُ مُوَظَّفًا

Measure : قَاسَ-يَقِيْسُ

Measure : كَالَ-يَكِيْلُ

Mortgage : رَهَنَ-يَرْهَنُ

Owe : دَانَ-يَدِيْنُ

Pay : دَفَعَ-يَدْفَعُ

Peel : قَشَّرَ- يُقَشِّرُ

Produce : صَنَعَ-يَصْنَعُ

Rent : اِسْتَكْرَى-يَسْتَكْرِى

Save : وَفَّرَ-يُوَفِّرُ/إدَّخَرَ-

Scale/Weigh : وَزَنَ-يَزِنُ

Sell : بَاعَ-يَبِيْعُ

Send he goods :
أَرْسَلَ-يُرْسِلُ البِضَاعَةَ

Shop : تَسَوَّقَ-يَسَوَّقُ/تَبَضَّعَ-

Swap : صَرَّفَ-يُصَرِّفُ

Trade : اِتَّجَرَ-يَتَّجِرُ

Transport : حَمَلَ-يَحْمِلُ

Weave : نَسَجَ-يَنِسِجُ

VERB (TRAVEL)

Arrive : جَاءَ-يَجِيْءُ

Bank : اِنْعَطَفَ-يَنْعَطِفُ

Collision : تَصَادَمَ-يَتَصَادَمُ

Crash/hit : صَدَمَ-يَصْدُمُ

Cross : عَبَرَ-يَعْبُرُ

Deliver : رَافَقَ-يُرَافِقُ

Depart : اِنْطَلَقَ-يَنْطَلِقُ

Drive : سَاقَ-يَسُوْقُ

Equip : زَوَّدَ-يُزَوِّدُ

Go : ذَهَبَ-يَذْهَبُ

Load : شَحَنَ-يَشْحُنُ

Pick : اِسْتَقْبَلَ-يَسْتَقْبِلُ

Piggyback : رَدِفَ-يَرْدُفُ

Ride : رَكِبَ-يَرْكَبُ

Run : سَيَّرَ-يُسَيِّرُ

Run over by a car :

دَهَمَتْهُ السَّيَّارَةُ

Sail : أَبْحَرَ-يُبْحِرُ

Stalemate : إِنْقَطَعَ-ِ الطَّرِيْقُ

Travel : سَافَرَ-يُسَافِرُ

VERB (WATER)

Bath : إِسْتَحَمَّ-يَسْتَحِمُّ

Boil : غَلَى-يَغْلِى

Clear/Clean : صَفَا-يَصْفُوْ

Cold : بَرَدَ-يَبْرُدُ

Dive : غَاصَ-يَغُوْصُ

Drown : إِنْغَرَقَ-ينَغْرِقُ

Float : عَامَ-يَعُوْمُ/طَفَا

Flood : فَاضَ-يَفِيْضُ

Flow : جَرَى-يَجْرِي

Flush : رَشَّ-يَرُشُّ

Freeze : تَجَمَّدَ-يَتَجَمَّدُ

Freeze : جَمَّدَ-يُجَمِّدُ

Gulp : جَرَعَ-يَجْرَعُ

Irrigate : سَقَى-يَسْقِى

Leak : تَخَرَّقَ-يَتَخَرَّقُ

Melt : دَابَ-يَدُوْبُ

Melt : قَطَرَ-يَقْطُرُ

Pool : غَمَرَ-يَغْمُرُ

Pour : صَبَّ-يَصُبُّ

Spill : اِنْكَسَبَ-يَنْكَسِبُ

Swim : سَبَحَ-يَسْبَحُ

Wet : اِبْتَلَّ-يَبْتَلُّ

Wett : بَلَّ-يَبُلُّ

REFERENCE

1. Merriam-Webster. (n.d.). Thematic. In Merriam-Webster.com dictionary. Retrieved April 5, 2021, from *https://www.merriam-webster.com/dictionary/thematic*

2. Lane, J. (2015). The 10 Most Spoken Languages In The World. Retrieved April 5, 2021, from *https://www.babbel.com/en/magazine/the-10-most-spoken-languages-in-the-world*

3. McKay, S. L. (2018). English As an International Language: What It Is and What It Means For Pedagogy. RELC Journal, 49(1), 9–23. *https://doi.org/10.1177/0033688217738817*

4. IlmFeed (2015). 7 Reasons Why You Should Learn the Arabic Language. Retrieved April 5, 2021, from *https://ilmfeed.com/7-reasons-why-you-should-learn-the-arabic-language/*

5. Nasution, A.I (2015). Kumpulan Kosakata Bahasa Arab Tematik Lengkap + Artinya. Retrieved April 2, 2021, from *https://blog.ammarihsan.my.id/2015/09/kumpulan-kosakata-bahasa-arab-tematik-lengkap-artinya.html*

6. Ammarihsan Dev. (2017). Arabic Thematic Dictionary 0.0.1 [Mobile app]. Google Play Store. *https://play.google.com/store/apps/details?id=tk.arabid.en*

7. Simpson, J. A., Weiner, E. S. C., & Oxford University Press. (1989). The Oxford English Dictionary. Oxford: Clarendon Press.

8. Mahmud Yunus. (2006). Kamus Arab-Melayu. Kuala Lumpur: Klang Book Centre (KBC).

Printed by Books on Demand GmbH, Norderstedt / Germany